PETIT
CATÉCHISME
RÉPUBLICAIN

PAR

JEAN MACÉ

AUTEUR

des *Vertus du Républicain* et des *Entretiens du Père Moreau*.

Prix : 15 centimes

PARIS

GARNIER FRÈRES, LIBRAIRES

PALAIS NATIONAL, 215 BIS

Et rue Richelieu, 10

1848

PETIT CATÉCHISME

RÉPUBLICAIN

1.

DE LA RÉPUBLIQUE.

D. Qu'est-ce que la République ?

P. C'est un État sans roi.

D. Qu'est-ce qu'une République démocratique ?

R. C'est un État où le gouvernement appartient à tous.

D. Pourquoi dites-vous : République démocratique ?

R. Parce qu'il y a des Républiques où le

gouvernement appartient à quelques-uns seulement : on les appelle Républiques aristocratiques.

D. Quelle République avons-nous?

R. Une République démocratique.

D. Que veut dire ce mot : Souveraineté nationale?

R. Absolument la même chose que République démocratique. La Nation étant souveraine, chacun de ses membres doit avoir sa part de souveraineté.

D. Qu'est-ce que la Nation?

R. C'est tout le monde.

D. Comment appelle-t-on les membres d'une nation républicaine?

R. On les appelle Citoyens.

D. Comment les citoyens peuvent-ils gouverner tous à la fois?

R. En se réunissant tous pour conférer leur droit de gouvernement à des hommes qui ont leur confiance. Chacun de ces hommes représente tous ceux qui l'ont choisi, et tous ensemble représentent la Nation.

C'est ce qu'on appelle la Représentation nationale.

D. Sur quoi se fonde le droit des citoyens à gouverner tous?

R. Sur trois principes: La Liberté, l'Égalité, la Fraternité.

D. Qu'est-ce que la Liberté?

R. C'est le droit de tout homme d'obéir à sa volonté.

D. Y a-t-il une limite à ce droit?

R. Une limite naturelle, l'obligation de ce droit dans les autres hommes.

D. Qu'est-ce que l'Égalité?

R. C'est le droit de tout homme de s'estimer l'égal d'un autre homme, et le devoir par conséquent de considérer cet homme comme son égal.

D. Sur quoi se fonde l'Égalité?

R. Sur ce principe que c'est le même Dieu qui fait tous les hommes.

D. De quelle égalité parlez-vous?

R. De l'égalité qui est du fait des institutions humaines. Les inégalités personnelles

de nature et de mérite subsisteront toujours,
parce qu'il n'y a pas de loi humaine qui
puisse les supprimer.

D. Qu'est-ce que la Fraternité?

R. C'est le devoir imposé à tous les hommes de s'aimer les uns les autres.

D. Sur quoi se fonde la Fraternité?

R. Sur le même principe que l'Égalité.
Nous devons tous nous aimer comme des
frères, étant tous les enfants du même Dieu.

D. Une République démocratique fondée
sur la Liberté, l'Égalité, la Fraternité, n'est
donc autre chose que la loi de Dieu?

R. Ceci est clair.

II.

DU GOUVERNEMENT.

D. Qu'est-ce que le Gouvernement dans
une République démocratique?

R. Ce sont les hommes chargés par la volonté générale de gouverner dans l'intérêt de
tous.

D. Comment se manifeste cette volonté
générale?

R. Par le vœu de la Représentation nationale qui représente le vœu de la nation.

D. Quand le Gouvernement est d'accord
avec la Représentation nationale, quel est
envers lui le devoir de tout citoyen?

R. De lui obéir et de le défendre contre
ceux qui voudraient l'attaquer.

D. Et quand il n'est pas d'accord avec la Représentation Nationale ?

R. Alors il n'a plus pour lui la volonté générale : il cesse d'être le gouvernement.

D. Et si la Représentation Nationale n'est pas d'accord elle-même avec le vœu de la Nation ?

R. Alors il n'y a plus de règles ; il n'y a plus de gouvernement ; l'institution est faussée et la force décide. Ne posez pas une semblable question. Elle a sa réponse dans la guerre civile.

III.

DU DROIT DU CITOYEN VIS-A-VIS LE GOUVERNEMENT.

D. Quel est le droit de tout citoyen vis-à-vis le Gouvernement ?

R. De critiquer ses actes quand il le juge convenable, et de chercher par tous les moyens que la loi permet et que l'honneur approuve, à faire partager aux autres citoyens son opinion.

D. A-t-il le même droit vis-à-vis la Représentation Nationale ?

R. Sans aucun doute.

D. Qu'est-ce que l'émeute ?

R. C'est une tentative de quelques citoyens pour faire prévaloir violemment leur volonté sur la volonté générale.

D. Qu'est-ce que l'insurrection ?

R. C'est la révolte de la volonté géné-

rale contre ceux qui la représentent mal.

D. A quels signes distingue-t-on l'émeute de l'insurrection ?

R. On ne saurait le déterminer à l'avance ; cela doit se deviner quand le moment est venu.

D. Quel est le devoir du gouvernement vis-à-vis l'émeute et l'insurrection ?

R. Son devoir est de réprimer l'émeute, et de se retirer devant l'insurrection.

D. Et s'il se trompe, s'il prend une insurrection pour une émeute ?

R. Il arrive alors une révolution.

D. Qu'est-ce qu'une révolution ?

R. C'est un renversement du pouvoir établi déterminé par sa résistance à la volonté générale.

D. Que pensez-vous d'un gouvernement ainsi renversé ?

R. Un gouvernement qui a provoqué une révolution est deux fois coupable. D'abord il a manqué à sa mission en résistant au vœu public ; ensuite il laisse par sa chute la nation exposée à de grands dangers.

D. Comment cela ?

R. Le jeu régulier des institutions se trouvant brusquement interrompu, tout demeurerait en péril, jusqu'à ce qu'il se rétablisse, si le bon sens public ne gardait alors la société.

D. Qu'arriverait-il si le gouvernement cédait à temps à la volonté générale ?

R. Au lieu de tomber par la fenêtre, on descendrait par l'escalier. Ce sont deux chemins différents qui mènent également dans la rue.

D. Quel est le meilleur ?

R. Belle demande ! Mais ce qui est juste demande à sortir à tout prix, et s'il n'a pas le choix, il se risque.

D. Que faut-il faire alors ?

R. S'arranger de façon à ce que personne ne puisse barrer le chemin de l'escalier.

D. Quel est le devoir de tout citoyen quand il y a eu une révolution ?

R. Son devoir est d'accepter ce qui a été fait, et d'aider au rétablissement de l'action régulière du gouvernement.

IV.

DE LA GARDE NATIONALE.

D. Qu'est-ce que la garde nationale?

R. C'est la nation armée pour se garder elle-même.

D. Tout citoyen doit-il être garde national?

R. C'est son droit et son devoir.

D. Pourquoi son droit?

R. Parce que tout citoyen a le droit d'être armé pour se faire respecter.

D. Pourquoi son devoir?

R. Parce que tout citoyen doit s'armer pour faire respecter la volonté générale.

D. Qu'entendez-vous par ces mots : ARMÉ POUR SE FAIRE RESPECTER?

R. Le citoyen n'a pas le droit de se servir de son arme, à sa fantaisie, et chacun de son côté. Mais l'arme qu'il a entre les mains est la garantie la plus sûre de son droit. Elle fait que personne ne saurait penser à l'attaquer.

D. Comment appelez-vous le garde national qui reste chez lui quand la volonté générale n'est pas respectée?

R. Un mauvais citoyen, pour ne pas dire plus.

D. Et quand la volonté générale semble se partager en deux camps?

R. Selon sa conscience, il doit prendre parti pour l'un ou pour l'autre.

D. Et si quelque chose se révolte en lui à l'idée d'une lutte fratricide? ,

R. Il doit se mettre entre les deux. En aucun cas il n'a le droit de rester chez lui.

D. Vous me dites que tout citoyen doit être garde national ; mais les pauvres, qui n'ont pas de temps à perdre, ni d'argent à dépenser?

R. Le premier devoir du gouvernement est d'y pourvoir, dans la mesure de ses moyens.

D. Pourquoi dites-vous: LE PREMIER DEVOIR?

R. Parce que l'institution sérieuse et complète de la Garde nationale est la base fondamentale de la République.

V.

DE L'ÉLECTION.

D Qu'est-ce que l'Élection ?

R. C'est le choix fait par une réunion de citoyens d'un homme, ayant leur confiance, qui est chargé par eux d'une fonction publique.

D. Quelle est la plus importante des élections ?

R. Celle qui fait les Représentants de la nation.

D. Que pensez-vous de l'électeur qui néglige de prendre part à cette élection ?

R. Il expose sa patrie au danger de la guerre civile.

D. Pourquoi cela ?

R. Si tous ne votent pas, la volonté de tous ne sera pas représentée, et si la Représentation nationale n'est pas l'expression fidèle du vœu public, elle pourra se trouver un jour en désaccord avec lui, ce qui est un cas de guerre civile.

D. Et si l'électeur n'a pas d'opinion ?

R. Son premier devoir est de s'instruire, et de s'en faire une. Un républicain doit savoir ce qu'il a à faire, ou bien il doit changer de patrie.

D. Vous en parlez à votre aise, mais les ignorants ?

R. Nul n'est ignorant de ses besoins.

D. Chacun ne doit donc s'occuper que de ses besoins ?

R. Non pas de ses besoins particuliers, mais des besoins de tous ceux qui sont dans la même position que lui, et avant tout, des besoins de son pays.

D. Que pensez-vous de l'électeur qui ne votera pas selon sa conscience ?

R. Taisez-vous. S'il y a des traîtres en France, je ne veux pas y penser.

D. Mais s'il y en a?

R. Je vous ai dit leur nom.

D. Vous ne me parlez pas des autres élections?

R. Ce que je vous ai dit de celle-ci s'applique à toutes les autres. Il faut qu'un républicain prenne son métier au sérieux, et ne demeure indifférent à rien de ce qui touche à la chose publique.

———

VI.

DE L'IMPOT.

D. Qu'est-ce que l'impôt?

R. C'est la somme que paye chaque citoyen pour subvenir aux dépenses faites dans l'intérêt général.

D. Qui a le droit de fixer cette somme?

R. La volonté générale, par ceux qui la représentent.

D. Qui a le droit d'en déterminer l'emploi?

R. La volonté générale, par ceux qui la représentent.

D. Comment appelez-vous celui qui cherche à se soustraire à l'impôt fixé par la volonté générale?

R. Un mauvais citoyen.

D. Et celui qui change l'emploi de l'impôt
déterminé par la volonté générale?

R. Un mandataire infidèle.

D. Et celui qui le détourne à son profit ou
au profit des siens?

R. Un voleur.

D. L'impôt n'appartient donc à personne?

R. Assurément, puisqu'il appartient à tout
le monde.

D. L'impôt n'est donc pas un ennemi?

R. Assurément, puisqu'il est l'ami commun.

D. Pourquoi dites-vous l'ami commun?

R. Parce que c'est par l'impôt que se fait
ce qui est utile à tous.

D. S'il en est ainsi, l'impôt est donc une
chose utile?

R. C'est une chose indispensable. Sans
lui il n'y aurait ni gouvernement, ni société.

———

VII.

DES FONCTIONS PUBLIQUES.

D. Qu'est-ce qu'une fonction publique?

R. C'est le soin confié par qui de droit à
un citoyen de veiller à un intérêt public, de
quelque nature qu'il soit.

D. Quel est le droit du fonctionnaire public?

R. Il n'en a pas d'autres que ceux dont il
jouit comme citoyen. Comme fonctionnaire
public, il n'a que des devoirs.

D. Alors, quels sont ses devoirs?

R. Un seul, celui d'être honnête homme,
et de veiller en conscience à l'intérêt public
qui lui a été confié.

D. Quel est le droit de tout citoyen vis-à-vis le fonctionnaire public?

R. Le même que vis-à-vis le gouvernement, qui est le grand fonctionnaire public.

D. Comment cela?

R. Quand un citoyen croit que le gouvernement ne marche pas droit dans le sens de la volonté générale qu'il représente, il en appelle à l'opinion qui est la conscience publique.

Quand il croit qu'un fonctionnaire public manque à la loi qu'il est chargé d'appliquer, il peut en appeler à la fois, et aux hommes chargés de faire respecter la loi, et à l'opinion qui veille sur eux.

D. La loi et la volonté générale est-ce la même chose?

R. Assurément, puisque c'est la volonté générale qui doit faire la loi.

D. Et quel est le devoir du citoyen envers le fonctionnaire public?

R. De lui obéir quand il parle au nom de la loi, et de l'aider au besoin à se faire obéir.

D. Est-ce là tout?

R. Au nom de la liberté c'est là tout. Au nom de la fraternité, ce n'est pas assez.

D. Comment cela?

R. Avant de juger le fonctionnaire public, il faut se mettre à sa place, et s'il s'est trompé, faire une réflexion.

D. Laquelle?

R. Que son fardeau est lourd, puisqu'il est seul à se garer des fautes, et que tous les yeux sont ouverts pour voir ses fautes.

D. Il faut donc le laisser mal faire?

R. Non pas. Il faut l'en préserver autant que possible, et pour cela veiller sur lui, afin de pouvoir l'éclairer au besoin.

D. Après ce que vous m'avez dit des fonctionnaires publics, que pensez-vous donc des gens qui courent après les places dans un but d'intérêt privé?

R. Je pense qu'ils ne savent ce qu'ils font. On saura bientôt qu'accepter une fonction publique, c'est faire un acte de dévouement

à la patrie, et que plus la fonction est haute, plus le dévouement est grand.

D. Vous aurez de la peine à persuader les gens ?

R. Je le sais. Qui vivra, verra.

D. Est-ce là tout ce que vous avez à me dire ?

R. Oui, pour aujourd'hui. Avec cela, vous en avez assez pour savoir ce que doit faire en ce moment un bon citoyen.

D. J'oubliais une chose. Vous m'avez dit en commençant que la nation c'était tout le monde. Qu'est-ce donc que le peuple ?

R. Dans la rue, le bourgeois appelle peuple tous les hommes mal vêtus.

D. Et qu'est-ce que le bourgeois ?

R. Dans la rue, le peuple appelle bourgeois tous les gens bien mis.

D. Pourquoi me dites-vous DANS LA RUE ?

R. Parce que chez lui, l'homme du peuple appelle bourgeois celui qui le fait travailler; et dans ce sens, le nom de peuple s'applique à ceux qui travaillent pour les autres. Alors

le costume n'y fait plus rien, et de part et d'autre on peut se tromper dans la rue.

D. Expliquez-moi cela autrement.

R. Le bourgeois est son maître. L'homme du peuple a un maître. Il peut en changer; mais pour vivre, il lui en faut un.

D. Un maître! Ne m'aviez-vous pas parlé, dès l'abord, de Liberté, d'Égalité, de Fraternité?

R. Nous parlerons de cela une autre fois. Soyez d'abord républicain.

FIN.

Paris.—Imprimerie de Faix et Thunot, rue Racine, 28, près de l'Odéon.